Printed in 2004 by
Stampato nel 2004 da
Lito 2000 SRL
Via Sabatelli, 31
23868 Valmadrera
ITALY
litod@tin.it

Book design
Stefano PENSOTTI

Translated by
Traduzione di
Gabriella AUTIERO

British Library Cataloguing-in-Publication Data.
A catalogue record for this book is available from the
British Library.

ISBN: 1 85077 250 9

LIBYA
a stone gardens country

Libia, giardini di pietra

Texts
Testi   **Silvia AUTIERO**

Photos
Fotografie   **Stefano PENSOTTI**

DARF PUBLISHERS LONDON
DAR FERGIANI TRIPOLI CAIRO LONDON

Six in the evening. A road sign indicates Ghadames. "90 km left," groans the driver. He's tired out. The road is good and fast. "But it's just for this reason" he explains. The desert is calm, stillness, reflection, a state of mind… going fast is wearisome. A freshly-painted green sign shows Ghadames. I ask him to stop. "What for? There's nothing to take a picture of." I don't know, really I don't know why I am touching the sign; it's new, brand new. Suddenly I feel a deep, ancestral homesickness. "90 km only, Ali?" He is fed up and remains silent. I jump into the car. Ali Suliman doesn't utter a word. "Ali?….Ali?…" I call him to no avail. He lives in Nalut, on top of the Jebel Nafusah, in the new town, naturally. The old town has been deserted. I happened to see it some hours ago, a short stop during our journey from Tripoli to Ghadames. Ali took me to the interesting 'qsar' , the fortified barns of the Berber. "You see this amphora?" he would keep on saying, "it's here that cereals were kept." It's a place burdened with memories. The cells were set one on top of the other up to six high. "And these," he was pointing at the wooden beams stuck in the clay, "these are the steps." I've only been in Libya one day and I'm already overwhelmed with memories. When I was in Italy, I'd been told that Libya is a country of memories. I expressed my thought to Ali, while he was showing me the violet colour inside an amphora, and he seemed some-what angry, according to my best interpretation of a desert man's expression. "Nalut is not a memory," he said without another word. I apologised, even though I didn't understand why. Not yet: I would have understood in a few days. This was the subdued voice I had been hearing inside my head since I first stepped off the plane in Tripoli. Not that I needed to apologize, my most serene Ali. But now it's late, we'd better go.

 "It's that sign," I continued. No matter how pedantic I might look, I wanted to shake off my homesickness. "What about that sign?" Ali pays attention to me again and adds, "It's brand new". I assumed that it was just the contrast between the new and the writing of Ghadames – the pearl, the mythic and desired oasis for so many caravans – that confused me. But was the contrast real? Ali would say no. It was only a sign, telling us that it was 90km to Ghadames, and we were going in the right direction. In addition, the sign was useful, the newer the better. I was sure Ali would have answered like that, instead, all of sudden he points to the clouds: "Look at them carefully, they are leaden, still. There is silence. It seems that the sky holds its breath". I keep silent, listening too. Ali stops the car; he gets out and sits on the sand, his eyes staring beyond the horizon. I'm confused, even embar-rassed. All around the silence, a prelude to something about to happen, I think for an instant. But then I under-stand that it is like a presence, the silence like life, like breath. The clouds were there, mute, icy, dark and heavy. I wish some thunder or lightning, would break that silence, which reverberated like a scream to me. "Let's go," I can't help saying, "I'm not used to silence," and I get in the car. I feel like a child. Ali smiles to me.

The road runs through the unchangeable region before the desert. It turns westward bordering Algeria and, at last, the first lights appear: Ghadames, the pearl of the desert, ancient cross-roads for all caravans of goods, animals and slaves, going between north and south. "Here we are!" I shout getting out of the car. I feel as if Ghadames were the end of my journey, not the beginning. But it is true: Ghadames is a destination, somewhere to arrive at. It's fairly dark. The sheer twilight shadows stand out against the white walls. In the distance, two or three figures resemble spectres. The moon is huge on the horizon. The temperature is slowing down quickly. Ali says he's not tired anymore. He unwraps his white schesch. His able hands move around his head as if in a dance. Now, he's pointing at a little door nearby. "There, you see, it's the old town, no one is living there, we are going to sleep in the new one. Tomorrow morning I'll take you to visit it." I glance over the door at the whitewashed clay walls. Tomorrow I would have walked through a labyrinth of narrow alleys and walkways in darkness, as only some scorching rays of sunlight could filter inside there. I would have visited the two-storey houses leaning one against the other and admired their insides full of glass and ornaments. And then the market squares and the mosques. In summer, the town comes alive again because people take their animals there and cultivate the gardens, I would be told by the guide. And so now I'm chasing confused memories in my mind… I recall a childish voice – is it mine? – drifting through the olive trees. Lots of olives are on the ground, ready to be picked up. My grandfather holds me in his arms… Ali touches me on my shoulder, awakening me. "Shall I have your luggage carried to the hotel?" "Sure, I'm coming" I say, still given up to my recollections. The palm trees surround me like long, long fingers and I think of the complex pipe system assuring the precious water distribution.

The following day, I say hello to Ali and we exchange a broad smile. We're going to have a new car, a Toyota Land Cruiser, and a new guide. I turn myself back to stare at Ghadames until it disappears. Later on I realize we are crossing a terrific stony hammada. Red. Burning. "Will it never come to an end?" I ask Najeh, the new guide, after a little while. "It is Hammada Al Hamra, Saharan red plateau," he answers. He's wearing an indigo schesch, the colour of the sky.

The desert expands space and time and I feel hypnotised the same way as when listening to the repetitive rhythm of a shabi, when flutes and drums repeat their sound endlessly. Occasional car tracks make me nervous: "How many cars pass here?" I ask and his answer is like a scourge through my logical thinking: "When?" Nayeh says back to me. When. "Tracks" I keep on. It's easy to become dulled when grasping at one's own mental processes, but it is instinctive, one has to grasp at anything. "Tyre tracks?" says Nayeh smiling. I nod and Nayeh bursts out laughing; these desert men must be used to such foolishness. I laugh too. The desert is a track - wow! I can still think. I let myself give in to the desert's charm, to its warm colours, to its silent voice, to its stones and its grains of sand. "The Ubari Erg!" exclaims Nayeh. On the horizon we see the first dunes. All around, odd rocky pinnacles stand out like lonely guards - 'fossil tamarisks' I read in my guide-book. Signs, marks of time. Fossils. The book slips out of my hands. I leave it where it is.

My first night on an erg, my first night in the Libyan Sahara, I can see a few stars on the horizon. Two big dark eyes are approaching our camp. "I know it, it's a jerboa, a small kangaroo rat!" I shout excitedly. It is dawn now and we ride over the dunes. Nayeh is a very good driver: he knows how to cross the feidj, driving over the dunes or finding a way amongst them, sliding on them and following their contours. We stop for water at the Bir Hald artesian well. Nayeh washes himself. His gestures are slow and meaningful: it is the meaning of his being! His wet foot lighted by the sun is his present. I near him. "Are you hot?" "Water is cool" he answers, smiling. Another day is passing on the red ocean. Memories mix with dreams. The past comes back as in a mirage. Nayeh is singing close to the fire. I recall my visit to Sabratha - the large stairs leading to the sanctuary of the temple of Isis, the Corinthian columns standing out against the blue sea. Sabratha, a Roman town, was originally founded by Phoenicians. Among the various Roman monuments, the theatre, overlooking the panorama, is impressive, with marble engravings representing various mythological and theatrical characters. Below the stage there are sculptures of dolphins. An old legend tells about petrified towns: stony animals, stony inhabitants and everything else; anyone asking about it was shown fragments of Roman statues.

I'm playing with the frost on my tent, but it's dawn and the sun is coming soon.

The journey continues across the offshoots from the Hammada Zegher and the rocky plateaux of Takoumet. "Nayeh, please, stop the car". The horizon is so flat that it seems to be in the centre of a huge circle. I jump out of the car, and opening my arms I start turning, I turn round and laugh gaily. My feet leave circular foot-prints.

We slip through a passage between two series of dunes, yellow on the left, red on the right. The first of the Tradart Acacus heights appear. On the right, the outline of Djebel Idinen, "the ghost mountain," whispers Nayeh, "over there, the ghosts play throwing the moon."

A long line of palm trees and gardens indicates that we are approaching Ghat. Here, the road is asphalted. Soon, from the top of the Italian fortress, my eyes would have swept over the walls of the old qsar houses, their bricks wrecked by flood in the early sixties, to the gardens, the palm trees as far as the new town. Sunset makes the Acacus red. Ghat, the last oasis before the nothing. Frontier town and crossroad for caravans. Beyond, the desert. Tomorrow, once again, I'll leave.

"It's the last oasis," Houssein advises me with a hint of satisfaction in his voice, "remember fruit and vegetables". And water, needless to say. "Thank you, Houssein". He is going to be my guide for the Acacus. His fierce features, his deep dark eyes, his rhythmic walking show his origin: he is a Tuareg. Called 'the family of the veil, 'Imosagh' or the 'free nobles', Tuareg have been known as one of the boldest people ever seen in the world;

renowned as 'the bravest warriors, whose women light the night with their smiles'. Brave, fearless, valiant soldiers, fond of freedom, but also fighters and often hostile, cut-throat robbers. They are a symbol of the cruelty and at same time the charm of the Saharan world.

We leave. After El Barkat village, the Toyota Landcruiser runs westward under the burning noon sun, coasting the steep walls of the Acacus cliff as far as the way through the high walls of the Takharkori Pass. Anou Ayadhar dominates the horizon with its 1480 metre height. The bottom is sandy and pebbled among banks of gray rock, which deepen in the orange-coloured dunes, and then climb up to the dune of the Erg Takharkori. Nayeh goes faster down the steep dune of the pass and we arrive at the Wadi Bubbu. Nayeh is told by Houssein to stop behind the natural arch of Fozzigiaren, and I'm invited to wander about the wonderful scenery: "Don't be afraid, the moon is rising." I'm walking. Thoughtless. The moonlight plays on the rocks like a black and white photograph. Shining rays plunge into darkness, sweeping it away, dancing with it and shaping figures. I can see a face, then a crouched woman, mysterious outlines. Are they my memories? Silent shadows of my remembrances take life – a lying child looking at the clouds, his voice exclaiming – It looks like the back of a dromedary – then the clouds are pushed away by the wind. Arabesques of light over the Acacus rocks.

I walk alongside a vertical rockface: in the sand I can make out bits of pottery, decorated with dotted wavy lines made by using special combs; they date back about 8000 years. My lack of amazement shows how ancient I am too.

I can breathe the desert. I'm made of dust or rock. I live. Time slackens or it does not exist. A smell of taghella, the excellent bread cooked under the sand, reaches my nose; I rush to the camp. Nayeh and Houssein are crouched near the fire, their hands white with flour.

At the gentle colours of the dawn, we start and visit Acacus' rock-painting sites. Time shrinks in a breath. I can see signs of big worms. The arid rocky desert like a deep, indigo, living ocean, traces left 300 million years ago. Paintings and carvings, man's marks, evidence of a petrified world. The hunter's gesture of hitting the mouflon is preserved as in a snapshot. Stylized shapes, round-headed figures, a sort of human-like gods, stand on the red sandstone walls. The scenes of propitiatory rites for the hunting or fertility make you share the artist's charming, mystic world: the world of the shaman. Elephants and hippos crowd the banks of a river. The ochre-coloured painting of a woman combing her daughter's hair is skillfully done. Men armed with lances fight while antelope herds flee. From above, leaning out over a pebbly river-bed, two "gatti mammoni", river guardian deities, ward off the dangers of savanna nights.

The noon heat is so stifling that I go for shelter to Amrar Hamdani Khali's zeriba, a Tuareg chief, presently working with the Italian paleontologist Fabrizio Mori. He is old, cheerful and welcoming. Kindly, Hussein acts as our interpreter and I let myself be lulled by Hamdani Khali's tales. I ask him whether he is able to decipher the writings in Tifinagh on the rock-wall. "Certainly," he answers staring right at me, "the Tuareg know the old Berber alphabet". He pauses for a long while; he seems to be sleeping. One of his grandsons pours tea: it's the third and last time. Moving his trembling hands in the air, Hamdani Khali describes the mythic Garamanti's carts pulled by four flying horses. He might be called a time watcher. I bow to him deeply. His black eyes behold me.

Three days have passed. The Uan Kasa's pink-coloured dunes, while swallowing up the Acacus' rocky pinnacles, gave way to the plateau of Messak Settafet and to Messak Mellet, then the Edeyen Murzuk, a nearly circular basin, appeared with its towering dunes, being the largest and driest erg in the Sahara. The dark and sharp pebbles were slowing down our Toyota, as if trying to keep us still.

Germa. Once capital of the Garamanti's reign, the legendary people mentioned by Herodotus. The last stop of my journey. Germa and the region of the 'ramla dei Dawada' with its salted lakes set in the sand. The water colour, ranging from green to indigo is due to the vast fossil aquifers that bear the water to surface. The lake Oum el Ma or 'mother of waters', surrounded by canes and palms, invites you to stay as long as its waters keep showing a beautiful range of colours, as the hours pass by. And the colours become music. Houssein slips into the water, his white clothes spreading across the surface. I look at him and listen. Is it al ahal' song? Lulling rhythm, passionate words. It had been more than a year since I had carefully listened to some parts of the famous Tuareg poems. What a difference this true, alive voice makes! As the old voice of a young woman. The shadows disappear quickly in the desert, shapes fall asleep. Houssein, up on the dune, is praying.

It's the sunset of a new day. Crouched on the towering dune over the Gabraun lake, I'm watching a group of Duada, very dark coloured women. At their feet, a shellfish net. Far away their old abandoned village. Last images. Back to the paved road leading to Tripoli, still filled with the enchantment of my last awakening, I gratefully remember it. I had just slipped out of my sleeping-bag, when I saw him coming from nowhere, going down the dune edge, crossing the palm-trees and reaching the Mafhou Lake's bank, where I had slept under an African sky, full of stars. His sudden appearance explains clearly why Tuareg are called Imosagh, the free noblemen. He crouches near the fire where Houssein is cooking the usual breakfast with chorba and taghella. They talk to each other and, after eating the plain bread and the mix of vegetables, they stand up and walk directly towards me. The newcomer looks young, from his aquiline nose and his eyes which I can see beyond his scesc, wrapped around his head. He takes out a little pack from below his tunic, a filthy cloth wrapped around a rhomboid metal object: perhaps made of silver and wrought with brass, with a thong of thin leather stripes. He speaks a broken French: "Il est tres ancien. Ma grand-mère…". The object is a talisman, that belonged to his grand-mother, a so-called Tcherot, which Tuareg women receive from their mothers on their 17th birthday. Inside it, there are Koran verses and magical words deriving from animistic beliefs and superstitions older than Islam but still practised, evidence of the religious syncretism of this people. The desert kept on pouring enchantment from its everlasting being.

INDACO

Sei della sera. Un cartello indica Gadames. -Ancora novanta chilometri- si lamenta l'autista. E' stanco. La strada è buona e permette di correre, -Ma è proprio per questo- spiega lui. Il deserto è quiete, immobilità, riflessione. Lui quel ritmo ce l'ha nel sangue. A correre si sfinisce. Gadames. Gadames in un cartello verde riverniciato da poco. Gli chiedo di fermarsi, si arrabbia. -Che c'è da fotografare?- Chiede esausto. -Niente, è solo che…- in realtà non so cosa sia, perché io stia passando la mano su quel cartello. E' nuovo. Nuovo di zecca. D'un tratto una nostalgia profonda, vecchia, ancestrale. -Soltanto novanta chilometri, Ali?- Non mi risponde neppure tanto è stufo. Salto in macchina. Dapprima Ali Suliman non mi parla. -Ali?- Faccio all'autista. -Ali?- Lui abita a Nalut, in cima alla scarpata del Jebel Nafusah, nella città nuova naturalmente. La vecchia è abbandonata. L'ho vista qualche ora fa. Breve sosta nel percorso da Tripoli a Gadames. Ali mi ha accompagnato all'affascinante qsar, granaio berbero fortificato. -Vede quest'anfora?- Continuava a dire ad ogni angolo. -E' qui che stipavano i cereali-. E' un luogo carico di memoria. Le cellette sono sovrapposte per un'altezza di sei piani. -E queste-, diceva indicando le travi di legno conficcate nell'argilla, -queste sono le scale-. Non ero in Libia che da un giorno, che già essa mi assaliva con i suoi ricordi. Me l'avevano detto prima che partissi dall'Italia, che la Libia era un paese di ricordi. Lo dissi ad Ali, mentre mi mostrava l'interno di una grossa anfora dalle venature viola. Si indignò quasi, per quel che posso capire dell'espressività di un uomo del deserto. -Nalut non è un ricordo-. Disse così e non aggiunse altro. Mi scusai, anche se ancora non sapevo esattamente bene di che. Non ancora, ma l'avrei capito, di lì a pochi giorni. Una voce sommessa si stava facendo strada dentro di me. Forse già da quando avevo messo il piede a terra all'aeroporto di Tripoli. Non c'era bisogno di scuse, mi tranquillizzava Ali, e comunque era davvero tardi. Dovevamo andare, o avremmo fatto tardi.

-E' quel cartello-. Continuo io. Il desiderio di scacciare quella strana nostalgia mi stava facendo diventare pedante. Cos'ha che non andava quel cartello? Mi dà finalmente retta Ali. -E' nuovissimo-. Aggiunge. Compresi che era proprio quel contrasto a destabilizzarmi: un cartello stradale con una sfacciata patina di nuovo e quella scritta, Gadames, la perla, la mitica, l'agognata oasi di chissà quante carovane. Ma davvero c'era contrasto? Ali mi avrebbe risposto di no. Quello era solo un cartello e mancavano ancora novanta chilometri a Gadames. E noi stavamo andando proprio lì. E poi il cartello è una cosa in più, non in meno. Serve, ed è meglio se è nuovo. Avrebbe detto proprio così, ne sono certissimo, se gli avessi spiegato del contrasto. Invece tutto a un tratto mi indica le nuvole. -Guardale bene-. Mi dice. Sono plumbee, pesanti, ferme. C'è silenzio. -Sembra che il cielo stia trattenendo il respiro-, dico. Poi, finalmente, rimango zitto anch'io. In ascolto. Ali ferma la macchina. Scende e senza una parola si siede sulla sabbia, gli occhi fissi oltre l'orizzonte. Io rimango per un po' così, imbambolato, incerto sul da farsi. Provo un lieve imbarazzo. Tutt'intorno un immenso silenzio, preludio di qualcosa, penso per un attimo. Non è così. Quel silenzio, eterno, vive per se stesso, respira, è presente, vivo. Adesso. Le nuvole erano lì, mute, glaciali, impenetrabili e cariche. Avrei voluto che un tuono o un fulmine lacerassero quel silenzio che stava diventando un urlo. -Andiamo!- Mi scopro a dire mio malgrado. -E' che non sono abituato al silenzio-, faccio ad Alì salendo in macchina. Mi sento proprio un bambino. Ali mi sorride. La strada continua a scorrere monotona in una regione predesertica. Piega ad occidente lungo il confine algerino, quindi compaiono in lontananza le prime luci. E' Gadames. La perla del deserto, antichissima stazione carovaniera dell'asse nord-sud da cui transitavano merci, animali, schiavi.

-Arrivati!- Grido saltando a terra. Eppure non è che l'inizio del viaggio. Ma questo lo so per istinto. Lo sento. A Gadames si arriva. Gadames è una meta, anche se è la prima tappa. E' quasi buio. Le ombre nette del crepuscolo si stagliano decise sui muri bianchi. Due o tre figure lontane assumono sembianze spettrali. La luna appare gigantesca contro l'orizzonte. La temperatura sta calando rapidamente. Non è più stanco ora. Mi dice Ali svolgendo lo schesch bianco. Resto affascinato da quelle abili mosse delle mani intorno alla testa. Una danza. -Lì sta la città vecchia-. Indica una porticina a pochi passi da noi. -Non c'è nessuno ora-, spiega. -Noi dormiremo nella città nuova. -Domani. Domani mattina- Insiste. -La visiteremo-. Resto a guardare oltre la porticina tra muri d'argilla imbiancata a calce. Nella mia mente rincorro ricordi di un'epoca lontanissima. L'indomani avrei camminato attraverso un dedalo di vicoli e corridoi coperti, al buio, nonostante taglienti lame di luce che bruciano gli occhi. Avrei visitato quelle case a due livelli addossate l'una all'altra, ammiratone gli interni luccicanti di specchi e decori. Le piazze del mercato. E le moschee. D'estate qualche abitante torna. Mi avrebbe spiegato la guida. Portano gli animali e coltivano gli orti. Il vecchio e il nuovo si compenetrano indistinti. Così nella mia mente ora. Cerco voci di quell'antico splendore e le trovo da bocche mute. D'un tratto la voce di me bambino scivola da un ulivo all'altro. Le olive sono in terra, gonfie. Tirano su le reti. E' il periodo della raccolta. Mio nonno mi prende in braccio. La mano di Ali sulla spalla mi risveglia da un ricordo lontano. -Le faccio portare le valigie all'albergo?- Quel ricordo l'avevo dimenticato. -Sì, certo-. L'albergo, -ora arrivo-. Le foglie delle palme da dattero mi circondano come lunghissime dita. Penso con stupore e ammirazione al complesso sistema di irrigazione per conservare e portare l'acqua, preziosissima. L'indomani saluto Ali, ci scambiamo un largo sorriso. Cambio di macchina e d'autista. Ci addentriamo nel deserto, e serve un fuoristrada. E' una Toyota Land Cruiser in ottime condizioni.

Mi volto indietro finché non la vedo scomparire. Gadames. Solo allora mi accorgo di essere in mezzo ad una devastante hammada pietrosa. Rossa. Bruciante. -Non finisce mai?- Avrei detto dopo un po'. -E' l'Hammada Al

Hamra, l'altopiano rosso del Sahara libico-. Mi risponde Najeh, il nuovo autista. Ha uno schesch indaco lui, il colore del cielo.

Il deserto amplifica lo spazio e il tempo al ritmo ipnotico di una shabi che mi lascia senza fiato al ripetersi dei cori ritmati da tamburi e flauti. Rade tracce del passaggio di altri fuoristrada sulla gigantesca pietraia. Mi infastidiscono. -Ne passano molte di macchine qui?- Chiedo. E la risposta è un'altra sferzata alla mia logica, al mio modo di pensare le cose. -Quando?- Mi chiede Najeh di rimando. Quando. -Le tracce-. Insisto io ottuso. Si diventa sempre ottusi quando si cerca di restare aggrappati ai propri modelli mentali. Ma che farci? E' un istinto, ci si aggrappa. -Le tracce dei pneumatici?- Mi sorride Najeh. Faccio di sì con la testa. Najeh scoppia in una gran risata. Ne devono sentire di cose buffe questi uomini del deserto. Rido anch'io. Il deserto è una traccia. Mi accorgo che penso mio malgrado. Il deserto si snoda sotto i miei occhi. Mi abbandono ai colori. Caldi. Alla sua voce fatta di silenzi. Alle sue pietre, ai suoi granelli di sabbia. -L'Erg d'Ubari!- annuncia Najeh con entusiamo. All'orizzonte le prime dune. Tutt'intorno, singolari pinnacoli rocciosi si ergono improvvisi come vedette solitarie: "tamerici fossili" leggo sulla mia guida. Segni. Passaggi del tempo. Fossili. La guida mi scivola dalle mani. La lascio dov'è.

La mia prima notte in un erg tra le dune. La mia prima notte nel Sahara libico. Sorgono le prime stelle, adagiate appena sulla linea dell'orizzonte. Due enormi occhi neri si avvicinano al campo saltando. –Lo riconosco!- strillo eccitato –E' un topo canguro del deserto! Un jerboa!-. Si allontana con grandi balzi.

E' l'alba e cavalchiamo le dune. Najeh è abilissimo. Ci troviamo nell'Erg d'Ubari. La Toyota Landcruiser corre ora attraverso il feidj, corridoio tra le dune, ora vi si arrampica sopra. Scivola sulle creste, ne segue le forme. Le ridisegna. Ed è ancora Hammada sassosa. Una sosta per l'acqua al pozzo artesiano di Bir Hald. Najeh si bagna. I suoi movimenti sono lenti, cadenzati. Sembra che anche il più semplice gesto di sollevare la tunica per lavarsi prima un piede, poi l'altro, sia carico di significato. E' il significato dell'esserci. Quel piede bagnato illuminato dal sole è il suo presente. "Hai molto caldo?" gli chiedo avvicinandomi. "L'acqua è fresca" mi risponde con un largo sorriso.

Un altro giorno scivola in un oceano rosso, ma non ci faccio più caso. I ricordi si mescolano ai sogni. Il passato rivive nei miraggi. Najeh sta cantando accanto al fuoco. Tra le braci rivedo Sabrata. L'ampia scalinata mi conduce al santuario del tempio di Iside. Le colonne corinzie si stagliano contro il profondo azzurro del mare. Antica colonia romana, fondata dai Fenici, Sabrata si impone con la sua storia. La magnificenza del teatro domina il panorama. Rilievi in marmo raffiguranti varie figure di carattere mitologico e teatrale. Sotto il palcoscenico, delfini scolpiti. Un'antica leggenda narra che nel deserto esistessero città pietrificate. Di pietra animali, abitanti e tutto il resto. A coloro che ne chiedevano conferma, la gente del posto mostrava frammenti di statue romane.

Gioco con i ricami di ghiaccio sulla mia tenda. E' l'alba, ma il sole non tarderà a scaldare.

Il viaggio riprende attraverso le propaggini dell'Hammada Zegher e il tavolato roccioso di Takoumet. –Najeh, ferma la macchina, per piacere!-. L'orizzonte è talmente piatto che mi trovo esattamente al centro di un gigantesco cerchio. Salto giù e allargando le braccia comincio a girare su me stesso. Giro e rido felice. I miei piedi lasciano un'orma circolare.

Ci infiliamo in un corridoio tra due serie di dune, gialle a sinistra e rosse a destra. Si profilano i primi rilievi del Tradart Acacus. Sulla destra il profilo del Djebel Idinen. –La Montagna degli Spiriti- mi sussurra Najeh -lassù gli spiriti giocano a lanciarsi la luna-.

Una lunga serie di palmeti e di orti annuncia l'avvicinarsi di Ghat. Qui la strada è asfaltata. Ancora poco e dall'alto del forte francese che domina la città, il mio sguardo avrebbe spaziato dai muri delle case del vecchio qsar, con i mattoni crudi ormai consumati dalle piogge, agli orti, alle palme, fino alla città nuova. Il tramonto veste l'Acacus di rosso. Incendia il palmeto. Ghat. Ultima oasi prima del nulla. Città di frontiera e antico centro carovaniero. Oltre, il deserto. Domani, ancora, ripartirò.

-E' l'ultima oasi- mi avverte Houssein non senza una nota compiaciuta nella voce –ricordati della frutta e della verdura-. Oltre all'acqua, certo. –Grazie, Houssein-. E' la mia guida per l'Acacus, Houssein. I lineamenti fieri del volto, i profondi occhi scuri, le tipiche movenze cadenzate ne rivelano le origini Tuareg. Noti come "la famiglia del velo", gli "Imosagh" o "nobili liberi", i Tuareg passano alla storia come uno dei popoli più fieri che il mondo abbia visto. La leggenda li vuole "valorosissimi guerrieri le cui donne illuminano la notte con un sorriso". Audaci, intrepidi, abili combattenti e amanti della libertà, ma anche bellicosi e spesso ostili, inesorabili tagliagole, rapinatori. Emblemi dello spietato e accattivante mondo sahariano.

Sono di nuovo in pista. Dopo il villaggio di El Barkat la Toyota Landcruiser corre, sotto il sole bollente del mezzogiorno, verso sud, costeggiando le pareti scoscese della falesia dell'Acacus, fino a trovare il passaggio nell'alta muraglia del Passo Takharkori. L'Anou Ayadhar domina l'orizzonte dai suoi 1480 metri d'altezza. Un fiume di sabbia e ciottoli fra sponde di roccia grigia, quindi la salita fino a intravedere le dune dell'erg Takharkori. Le rocce lavorate dall'erosione sono immerse in dune dalle calde tonalità arancio. Najeh spinge il fuoristrada a capofitto dall'alto della ripidissima duna del passo. Ed eccomi nel Wadi Bubbu. Houssein dice a Najeh di fermarsi alle spalle dell'arco naturale del Fozzigiaren, quindi con un lieve cenno della testa mi invita ad allontanarmi attraverso quella scenografia spettacolare. –Non temere- mi dice – la luna sta sorgendo-.

Passeggio. La mia mente è silenziosa. La luce lunare gioca con le rocce. Fotografia in bianco e nero. Le linee si rincorrono, lame di luce bianca si tuffano nel buio. Lo disperdono. Danzano con esso e ne emergono figure. Profili ora di un volto, ora di donna accovacciata, si susseguono misteriosi. Sono le mie memorie? Ombre mute dei miei ricordi, si affacciano e acquistano vita, ora. Adesso. –Sembra il dorso di un dromedario!- voce bambina, sdraiato a giocare con le nuvole, il vento le disperde. Arabeschi di luce sulle rocce dell'Acacus.

Cammino a ridosso di una parete di roccia verticale. Ai suoi margini, tra la sabbia scorgo frammenti di ceramiche. Decorati con motivi detti dotted wavy line, ottenuti tramite l'uso di appositi pettini, risalgono a circa 8000 anni fa. L'assenza di stupore mi rivela che anch'io sono antichissimo. Respiro il deserto. Sono polvere o roccia. Vivo. Il tempo si dilata, o non esiste. Profumo di taghella. L'ottimo pane cotto sotto la sabbia! Raggiungo il campo di corsa. Najeh e Houssein accovacciati accanto alle braci, le loro mani bianche di farina.

I tenui colori dell'alba accompagnano la nostra partenza alla visita dei siti di arte rupestre dell'Acacus. Strani esseri marini. Il tempo si contrae in un respiro. I miei occhi scorgono segni di grossi vermi. L'arido deserto di pietra non è che un oceano. Profondo, vivo, indaco scuro. Tracce di trecento milioni di anni. A passi lenti mi immergo in una grotta nera. Qui, dipinti e incisioni. Segni dell'uomo. Solchi. Testimonianze di un mondo pietrificato. Il gesto di un cacciatore mentre colpisce un muflone imprigionato, intrappolato in un'istantanea. Forme stilizzate, sinuose, si dibattono lungo la falesia. Incisioni sulle pareti di arenaria rossa. Figure dalle teste rotonde, sorta di divinità dalle sembianze umane. L'artista, uno sciamano che agisce a scopo rituale per propiziare la caccia o favorire la fertilità, mi incanta con i suoi gesti profondi, mistici. Sulle rive del fiume si bagnano elefanti ed ippopotami. Una donna prepara l'acconciatura per sua figlia. Qui i tratti sono lineari e asciutti, dai brillanti colori ocra, tracciati con straordinaria abilità. Gruppi di uomini armati di lance si combattono mentre branchi di antilopi fuggono spaventate. Dall'alto, strapiombanti sul greto del fiume, i gatti mammoni, numi tutelari del fiume, vegliano sulla notte densa di pericoli della savana.

Il caldo soffocante di mezzogiorno mi spinge a cercare riparo nella zeriba dell'Amrar Hamdani Khali, capo Tuareg e collaboratore del paletnologo italiano Fabrizio Mori. Il vecchio capo tuareg è allegro e ospitale. Grazie ad Hussein che si improvvisa traduttore, mi lascio cullare dal ritmo dolce dei racconti di Hamdani Khali, quasi un guardiano del tempo. Gli chiedo delle scritte in Tifinagh sulle pareti di roccia, se è in grado di decifrarle. –Certo!- risponde guardandomi dritto negli occhi –I tuareg conoscono l'antico alfabeto berbero-. Fa una lunga pausa. Sembra che dorma. Uno dei suoi nipoti versa il thè, traccia nera dal basso verso l'alto. E' il terzo giro, l'ultimo.

Con tremuli gesti delle sue mani da vecchio, Hamdani Khali disegna nell'aria i carri dei mitici Garamanti trainati da quattro cavalli al galoppo volante. Le incisioni rupestri sono ormai tracce della sua memoria. Saluto quell'uomo con un profondo inchino. I suoi occhi neri, bruciati dal sole, guardano oltre me.

Sono passati tre giorni. Le dune rosate di Uan Kasa gradatamente ingoiando i pinnacoli di roccia dell'Acacus hanno lasciato il posto all'altopiano del Messak Settafet e al Messak Mellet, quindi l'Edeyen Murzuq si è imposto con le sue enormi dune dai colori pastello, bacino dalla forma quasi circolare è il più arido ed esteso erg del Sahara. I sassi scuri e appuntiti del reg sembravano trattenerci, rallentando la nostra Toyota.

Germa. Antica capitale del regno dei Garamanti, leggendari abitanti del Sahara citati da Erodoto. Ultima tappa del mio viaggio. Germa e la regione della ramla dei Dawada, dove, incastonati nella sabbia, vi sono laghi di acqua salmastra. Il colore della loro acqua, cangiante dal verde smeraldo all'indaco, è dovuto alle condizioni geologiche degli strati impermeabili del terreno che in queste zone portano ad affiorare la falda acquifera. Il lago Oum el Ma o "madre delle acque", circondato da canne e palme, le cui acque cambiano colore con il passare delle ore, è un invito a restare, trattenerci ancora un po'. Lo spettacolo di luci è come un canto. I colori diventano note. Avvolto in un tiepido abbraccio, osservo Houssein scivolare nell'acqua, mentre la sua veste bianca si allarga sulla superficie. Ascolto. È il canto di un ahal? Il suo ritmo è cantilenante e le sue parole d'amore appassionate. Più di un anno era passato da quando, con l'attenzione di un bravo studente, avevo ascoltato brani dei famosi poemi tuareg. Ma quella voce che mi stava avvolgendo ora era viva. Vera. Antica voce d'una donna giovane. Le ombre si diradano rapidamente nel deserto. I contrasti scompaiono, le forme si addormentano. Houssein, in alto sulla duna, pregava.

È il tramonto di un nuovo giorno. Accovacciato sull'altissima duna che domina il lago Gabraun, osservo un gruppo di scurissime donne Duada. Ai loro piedi, retine per la pesca dei crostacei. In lontananza il loro vecchio villaggio abbandonato. Ultime immagini. Di ritorno sulla strada asfaltata che corre verso Tripoli, ancora permeato della magia del mio ultimo risveglio nel deserto, ne ripercorro i battiti. Sgusciando infreddolito dal sacco a pelo, lo vedo arrivare dal nulla, scendere la cresta che serpeggia sulla duna, avanzare sino al palmeto e raggiungere il lago Mafhou, sulla cui riva avevo dormito sotto un cielo africano affollato di stelle. La sua apparizione è davvero la miglior testimonianza del perché i tuareg siano chiamati Imosagh, i nobili liberi. Si accovaccia attorno al fuoco dove Houssein sta preparando la colazione con la solita chorba e taghella. Discutono pacatamente e, dopo aver consumato una porzione del pane piatto cotto sotto la sabbia e dell'intruglio vegetale, il nuovo arrivato e Houssein mi vengono incontro. È lì davanti a me. È giovane, a giudicare dal naso prominente e dagli occhi lasciati scoperti dallo scesc avvolto attorno al capo. Da sotto l'ampia e lunga tunica estrae un fagottino, uno straccio lercio che fascia uno strano oggetto di metallo romboidale. Forse argento, dell'ottone e un fine lavoro di cesello, con una cinghia formata da sottili strisce di cuoio. " Il est très ancien " isiste lui in uno stentato francese, " Ma grand-mère… ". L'oggetto del giovane tuareg è un talismano, appartenuto alla nonna, un Tcherot, che le giovani donne tuareg ricevono al compimento del loro 17° anno dalle madri. Riposti al suo interno, manoscritti con versi del Corano e formule magiche derivanti da credenze e superstizioni animistiche che hanno preceduto l'islamismo e che perdurano in esso testimoniando il sincretismo religioso di questo popolo. Il deserto continuava a distillare magia dall'infinito suo essere.

Medina, Gadames

Medina, Gadames

Medina, Gadames

Medina, Gadames

Hammada al Hamra

Takoumet, Hammada al Hamra

Bandakish, Erg Ubari

Bandakish, Erg Ubari

Diwane, Erg Ubari

Diwane, Erg Ubari

Diwane, Erg Ubari

Diwane, Erg Ubari

Diwane, Erg Ubari

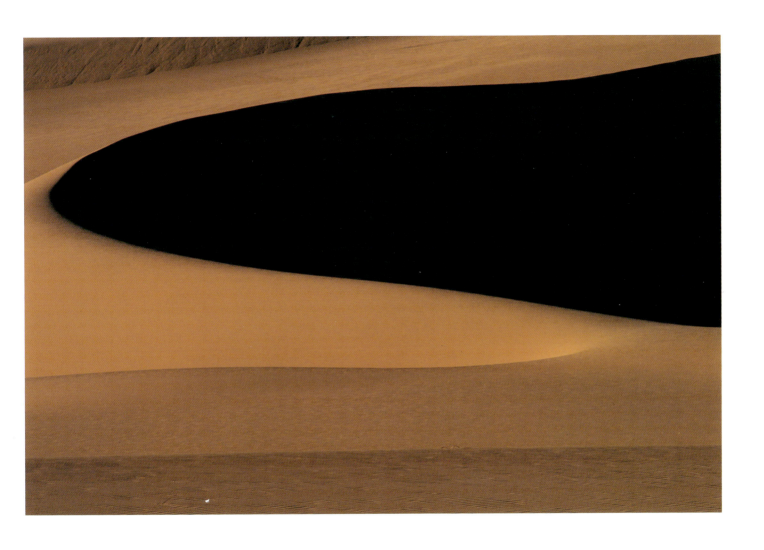

Diwane, Erg Ubari

Uan Kasa

Erg Ubari

Erg Ubari

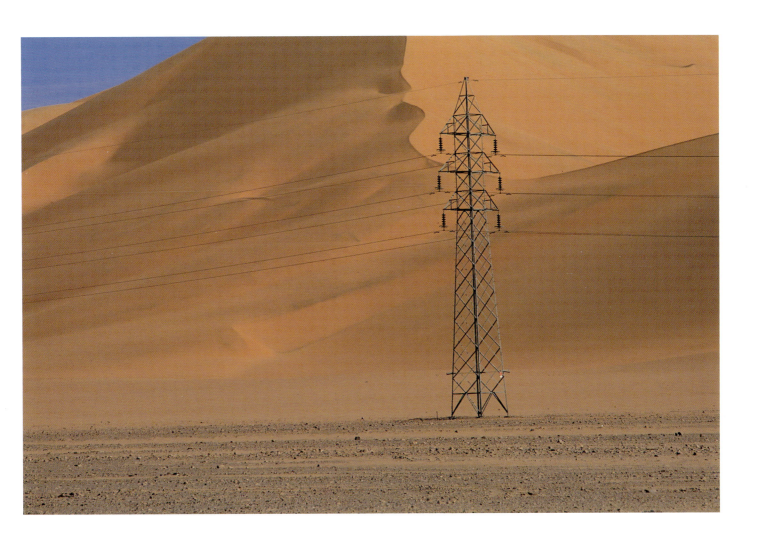

Ksar, Ghat

Medina, Ghat

Acacus

Acacus

Wadi Bubbu, Acacus

Wadi Bubbu, Acacus

Wadi Bubbu, Acacus

Wadi Bubbu, Acacus

Wadi Bubbu, Acacus

Wadi Bubbu, Acacus

Uan Amenal, Acacus

Messak Settafet, Acacus

Uan Kasa

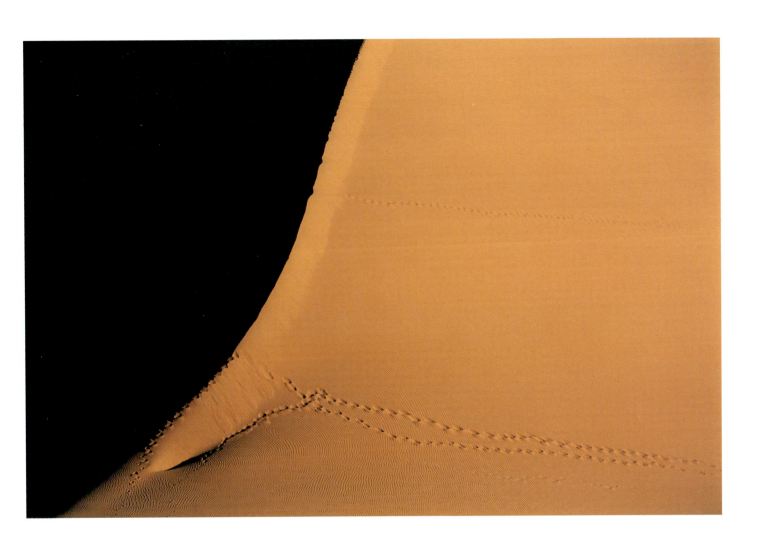

Uan Kasa

Edeyen Murzuk

Uan Kasa

Uan Kasa

Uan Kasa

Ramla of Dawada, Oum el ma lake;
Ramla dei Dawada, lago Oum el ma

Ramla of Dawada, Mahfou lake;
Ramla dei Dawada, lago Mahfou

Ramla of Dawada, Oum el ma lake;
Ramla dei Dawada, lago Oum el ma

Ramla of Dawada, Mahfou lake;
Ramla dei Dawada, lago Mahfou

Ramla of Dawada, Gabraoun lake;
Ramla dei Dawada, lago Gabraoun

Ramla of Dawada, Gabraoun lake;
Ramla dei Dawada, lago Gabraoun

Bandakish, Erg Ubari

Edeyen Murzuk

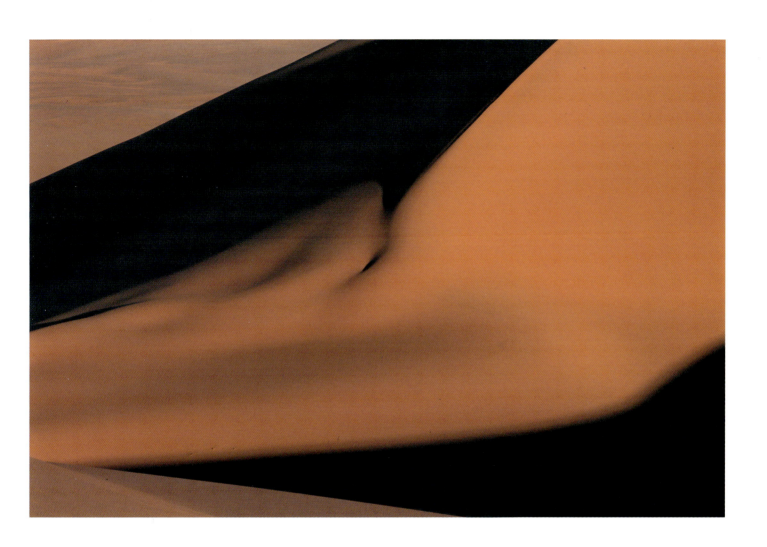

Edeyen Murzuk

Adrar	Mountain (in the Tamaschek language)
Afrath	Rocky edge
Bir	Well
Edeyen / Erg	Expanse of dunes
Gassi / Feidj	Valley in the middle of dunes
Gara	Mountain with flat top and sheer sides, caused by wind erosion
Ghurda	Large pyramidal dune
Hammada	Plateau – literally: plain, referring both to a sandy plain or, more generally, to a peakless, rocky plain
Hassi	Well
Jebel	Massif
Kel	Tribe, in Tamaschek
Oued	Valley; watercourse bed (pl. Ouidian)
Ramla	Small erg
Reg	Fine, pebbly plain
Sebhka	Clay plateau, a remnant of ancient lakes
Serir	Smooth plain, with pebbles
Taguelmust	A Tuareg's veil which conceals men's face, except their eyes. It is so fully saturated with indigo that it dyes their skin.
Tamaschek	The oral language of the Tuareg
Tifinhag	The written language of the Tuareg
Tin	Well or surrounding region
Tuareg	They are a people of Berber origin, estimated about a million in number and living in Niger, Mali, Libya, Burkina Faso and Ciad. "Tuareg" is an Arab word and means "forsaken by God", that's why they prefer to be called "Imohag" or "Imazighen", that in Berber means 'free noblemen'. Though converted to Islam, they have kept their old beliefs and traditions; they are monogamist and their society is matriarchal. The Tuareg language is Tamashek and has a very interesting alphabet, called Tifinagh, consisting of letters and symbols. The latter can be written right to left or vice versa and diagonally in both directions.

SITE INDEX

Mostly covered by the Sahara desert, Libya has been opened to sightseeing only recently, and shows no traces of western tourists' passage. This country has got many archaeological treasures dating back to the Greek, Roman and Byzantine civilizations, recently discovered and excavated from the sand after hundreds of centuries. And it has natural and architectural treasures of its own origin as well, such as the ancient oasis of Ghadames, gateway of the desert, the Berber villages and all the wonders hidden in the sand of the greatest desert in the world. Sahara, an Arab word, means 'nothing', but contrary to its name, the desert hosts many kinds of animals among its rocky pinnacles and shifting dunes: scorpions, beetles, lizards, jerboa (small kangaroo-rats), fennec (small, big-eared foxes) and gazelle. The Sahara consists not only of the sandy part or 'erg', but also of the pebbly part or 'reg' and of the stony part or 'hammada'.

Its borders are the Atlantic Ocean to the west, the Atlas mountains and the Mediterranean Sea to the north, the Red Sea to the east, the Sahel and Niger valley to the south. 10,000 years ago this territory was fertile and green, but due to the climatic variations it has been continuously drying out since 6000 years ago, causing progressive population transfer. Many traces of ancient life have remained: graffiti and paintings representing human beings, hunting scenes, propitiatory rites; pestles, mortars, arrow-heads and pottery remnants have risen to the surface from the bottom of ancient 'oued'. As to the Libyan Sahara, all antiquities can be seen inside the Acacus Park and in the Wadi Mathendusc.

• Edeyen Murzuk •

It is an endless sandy plain, pink-coloured becoming crimson at sunset. It is located closer to the Libyan border with the Niger and Algeria; its climate is characterised by a whirling wind blowing in all seasons: the gibleh. To the north, sand is shaped in towering dunes, reaching 200 m high, among which several passages give way to broad hard-sanded plateaux showing just few ripples. Towards the centre, the dunes appear much more irregular and the presence of salt sediments show the existence of ancient huge lakes around which, about 8000 years ago, neolithic men were settled. The 'Messak' border the wide sand basin: here the shamans engraved their sacred graffiti representing zoomorphic figures, such as dog-headed men. Hundreds of them can be found in the Messak Settafet ouidian and some are real masterpieces; the best known ones are around the old and presently dry Wadi Mathendousc. The Murzuk valley has never been crossed by any caravans due to its total lack of water springs, in fact no vegetation has ever been discovered. The area is now a park explored by archaeologists. Still today, on the 'Messak' plateau, worked flint pieces can be found, as can other kinds of stones along the cliff edges.

• Erg Awbari •

A sea of sand about 800 km long from north to south and 400 km from east to west, separates the Jabel Nafoussa region from Fezzan. Dunes, passages, sharp peaks and sudden zigzags make up the three 'Ergs' of this plateau: regular dunes separated by wide and manageable passages with hard and compact sands alternate with others where finding one's way can be very difficult.

In the north-east, Erg Awbari is bordered by Hammada El Hamra so that nearby Ghadames is called Hammada Tingit; in the west, along the Algerian border, it is bordered by Hammada Tinghert; in the south, it is separated from Acacus and from the lower Edeyen Murzuk by Fezzan. The southern region of Erg Awbari is formed by plateaux split by large ouidian very similar to the Acacus's stony streams. Acacias, tamarisks and coloquinte with their typical pumpkin-like fruits are present in most ouidian, where the sands give way to the rocks.

• Fezzan •

This area, so hot and hostile, covers the south-western part of the Libyan territory and is one of the most beautiful and impressive of the Sahara's regions. Made of layers of limestone and sandstone, it is formed by wide plateaux and endless sand expanses occasionally studded with stony areas. Home to the Garamanti, the ancient warriors and merchants who ruled the area south of the rich Greek and Roman coastal towns. Germa and Ghat are gateway centres where it is natural to begin off-road jaunts into this fabulous desert.

• Germa •

Once called Garama, when Garamanti, the Berber people, were so powerful that even Herodotus wrote about their deeds. All the tracks connecting the Sahara with the Mediterranean Sea were controlled by them and were run by carts and horses as shown in the rock paintings. Germa is known for some Roman ruins, for the remains of the old city, for a somewhat damaged pre-Islamic necropolis, and above of all for its lakes that, like a mirage, rise from sands of Dawada's ramla. From Germa it is possible to go to the region of the lakes and to the Wadi Mathendoush, well known for the graffiti representing the animals that once lived there.

• Ghadames •

An important crossroads for caravans, Ghadames is a beautiful oasis town surrounded by the towering dunes of the Ubari 'Erg'. Close to the triple border of Libya, Tunisia and Algeria, it was one of the outstanding Saharan trade centres together with Timbouctou, Tamanrasset, Murzuf, Tinduf and Sigilmassa. Positioned on the north-south axis, it was a strategic resting place for all travellers crossing the Sahara and headed for the Mediterranean coasts. The oasis has kept its old charm, and the "old town" with its typical narrow roads and the narrow white-washed walkways lined by the two-storey clay houses offers cool shelter and comfort to weary travellers. It has been declared by UNESCO, "property of mankind", as the fulfilment of a traditional architecture perfectly adapted to its hard environment and has remained intact so far. Ghadames's dwellers were divided into seven clans, each of them living in a quarter that has lead to seven housing settlements. In fact, each quarter had its own market, its own square, mosque and so on. Nowadays people are living in the new town, while the old one is used for keeping animals, cultivating gardens, and picking dates. Ten water springs provide fertility, while a complex pipe system assures water distribution to 100 hectares of tillage.

• Ghat •

Known as Rhafsa in Roman times, it lies on the Algerian border. It is the setting-off point for a visit to the Acacus park where Neolithic men created their engravings and paintings. Of the original walls fortifying the town, nothing has remained and the town itself appears worse kept than Ghadames. Due to its location near the desert, in the past it represented the meeting point for the trading camel trains crossing the desert from east to west; today it is still inhabited by Tuareg. The palms and the old medina with its narrow walkways between wrecked and deserted houses are overlooked by the old Italian fortress, from which it is possible to enjoy a wonderful sight of Acacus.

• Hammada Al Hamra •

Its name means "red plateau", and it is a large flat plain extending from Ghadames to the first dunes of the Ubari Erg, though it is full of black pebbles rather than red, run by sandy ouadi. Occasionally, there are some bushes, longed for by dromedaries looming on the horizon, and also some typical rock pinnacles springing up like lonely sentries.

• Hammada Zegher •

100 km in diameter, circular shaped, it is a plateau region in the centre of the Erg Awbari valley. It is a flat sandy expanse covered with small and medium size debris and rocky ouedi with broken bottoms that are dangerous for drivers. It is entirely wreathed by the sands of Idehan Erg to the north and Tahadjierit Erg to the south, both being part of the Awbari Erg.

• Nalut •

256 km away from Tripoli, there is the rural village of Nalut, from the earliest times inhabited by Berber people, in a hilly area overlooking Tripolitania. This village is characterized by the 'qsar', fortified barns, where peasants used to keep their crops, each one in a single cell. Every qsar could be six storeys high, with the cells placed one on top of the other, held by wooden beams. The Berber villages rose around the qsar. Nalut' qsar was positioned alongside the vertical face of the Jebel Nafoussa and represents a typical example of rural Berber architecture.

• Ramla of dawada •

Not far from Germa's ruins, on the great dunes of the Idhan Awbari, the sand sea plays hosts to the lakes of Gabroun, Mandara, Oum el Ma and Mahfu and many minor ones: a spectacle indeed! It is possible to see it after an off-road journey among the towering dunes These lakes are created by vast fossil aquifers that bear the water to the surface, but very few of them permanently have water. Due to the dry climate, the intensive vaporisation concentrates the salt and this is particularly visible at the Mandara's oasis, where a desolate salt looking-glass brings about the mirage of a water sheet. The most beautiful lake is Oum el Ma surrounded by a barrier of dunes and a crown of palm-trees and, like the Mahfu's, it changes its colours with the passing hours. The lake of Gabroun is salty instead and is dominated by a towering dune; on its banks there lies a village nowadays abandoned by the Daouada', a population that lived by fishing a species of shrimp that were dried and exported all over the continent, and on the skimming off from the water a sodium hydrate carbonate, natron, which is sold to the merchants' caravans.

• Sabratha •

Situated on the Mediterranean coast, in place long before the Phoenicians' arrival, in 46 B.C. it became a Roman town of the African province, profiting from its location by the sea which attracted sailors and those arriving from inland. The Romans built huge monuments, in particular the theatre, which can still be admired today in all its magnificence and which constitutes Sabratha's main attraction. From any viewpoint, you can see its outline standing against the sky with the sea as its background; walking through the residential quarters, down to the forum and the thermae, there appears this special and lovely view. Following the Roman period, Sabratha was taken over by the Byzantines who enriched the Christian churches with beautiful mosaics, of which the most worthy of notice are those of the Basilica di Giustiniano, which are now kept in the museum.
After Leptis Magna, Sabratha stands as the most important archaeological area in Tripolitania.

• Tradart Acacus •

The Tradart Acacus massif, situated about 1200 km south of the Mediterranean coast stands out among the Saharan regions for its beauty. It is a sandstone plateau stretching for 7500 km occasionally broken by sand dunes and wind-shaped rocks. The whole region represents the only natural Libyan park, which was founded in 1970, and then become one of UNESCO's World Heritage sites in 1985. Its peculiar rupestrian carvings and paintings bear witness to the human presence in this area. In the erosion-free caves there are scenes of hunting and daily life. The presence of elephants, giraffes, and other animals of the African savannah shows that the desert was once a fertile territory like the present central Africa, which changed around the 3000 B.C., forcing the inhabitants to leave the region in search of new pastures. News about these paintings was heard around the end of the nineteenth century, but the first archaeological explorations of Acacus began in the twentieth. The most important and worthwhile seeing are the Wadi Tanshal with mouflon hunting scenes, the Wadi Teshuinat with the greater number of rupestrian sites, the Uan Amenal, with hunting scenes and human pictures, the Uan Amil with scenes of daily life, the Tin Annuein with a village map, a Garamantian cart and writings in tifinagh. Tin Lalan's site is peculiar for the jackal masked men and the graffiti of erotic scenes.

• Wadi Mathendusc •

The faces of the Wadi Mathendusc, consisting of big smooth stones, are an outdoor gallery. Many animals are still coming here to take refuge from the terrible heat such as fennec, jackals and others of medium size, to find the existing lush vegetation, compared with the surrounding barrenness. And along the river bed more extraordinary animals are represented by the graffiti, works of those ancient inhabitants who have left precious traces of their life on the red sandstone walls, now become black due to the "desert paint". In the last 300 m of the river, the so-called Mathendusc, is the greatest concentration of graffiti, and it is remarkable for one engraving on a flat rock overlooking the plain which represents two mysterious figures called "gatti mammoni".

Adrar	*montagna in Tamaschek*
Afrath	*cordone roccioso*
Bir	*Pozzo*
Erg / Edeyen	*distesa di dune*
Feidj / Gassi	*vallata interdunaria*
Gara	*monte con la sommità piatta e le pareti strapiombanti, prodotto dell'erosione eolica*
Ghurda	*grande duna piramidale*
Hammada	*Spianata, letteralmente Pianura. Può riferirsi ad una piana sabbiosa o, in senso lato, ad una pianura pietrosa, priva di rilievi.*
Hassi	*pozzo*
Jebel	*massiccio montuoso*
Kel	*tribù, in Tamaschek*
Oued	*valle, letto di un corso d'acqua (plurale ouidian)*
Ramla	*piccolo erg*
Reg	*pianura di ciottolame fine*
Sebhka	*spianata argillosa, residuo di formazioni lacustri*
Serir	*pianura con fondo liscio, con ciottoli sminuzzati*
Taguelmust	*Il turbante dei Tuareg. Impregnato di indaco lascia scoperti solo gli occhi e colora la pelle.*
Tamaschek	*lingua parlata dei Tuareg*
Tifinhag	*lingua scritta dei Tuareg*
Tin	*pozzo o regione circostante*
Tuareg	*Sono un popolo di stirpe berbera, oggi sono stimati in circa un milione di individui e vivono in Niger, Mali, Libia, Burkina Faso e Ciad. Il termine "Twareg" è stato coniato dagli arabi e significa "abbandonati da Dio", per questo preferiscono chiamarsi "imohag" o " imazighen" che in berbero significa "uomini liberi". Pur essendo convertiti all'Islam hanno conservato le loro antiche tradizioni e credenze. Monogami, la loro società è di tipo matriarcale. I Tuareg parlano la lingua tamashek e possiedono un alfabeto particolare, il tifinagh, costituito da lettere e segni che possono essere scritti da destra a sinistra o viceversa, e in diagonale nei due versi.*

INDICE DEI LUOGHI

Coperta per la gran parte del suo territorio dal deserto del Sahara, la Libia è solo da poco aperta al turismo e non è ancora intaccata dalla confusione turistica occidentale. Il paese ha grandi tesori archeologici delle civiltà Greca, Romana e Bizantina che solo recentemente sono stati portati alla luce dagli archeologi dopo essere stati sepolti sotto la sabbia per centinaia di anni. Ma la Libia offre anche tesori naturali e architettonici della propria cultura. L'antica oasi di Ghadames alle porte del deserto, i villaggi berberi e i tesori celati dello sterminato deserto. Il Sahara è il più grande deserto del mondo, il suo nome in arabo significa "niente, nulla"; al contrario in esso tra pinnacoli di roccia e dune in movimento vivono scorpioni, scarafaggi, coleotteri tenebrionidi, lucertole, ratti canguro, fennec e gazzelle. Non tutto il Sahara è sabbia, in esso di distinguono tre tipi di paesaggio: l'erg o deserto sabbioso; il reg o deserto sassoso e l'Hammada o deserto di pietra. I confini del Sahara sono costituiti dall'oceano Atlantico a ovest, dai monti dell'Atlante e dal mar Mediterraneo a nord, dal mar Rosso a est, dal Sahel e dalla valle del Niger a sud. 10.000 anni fa questo deserto era un territorio fertile che a partire da 6000 anni fa si è progressivamente inaridito a causa di mutamenti climatici. L'area un tempo abitata da uomini ed animali fu progressivamente abbandonata e di quel tempo restano sulle pareti di roccia graffiti e dipinti che rappresentano esseri umani, scene di caccia, riti propiziatori; sul fondo di antichi oued, emergono pestelli, mortai, punte di freccia, frammenti di ceramica. Nel Sahara libico queste vestigia di antiche popolazioni sono visibili all'interno del parco dell'Acacus e nel Wadi Mathendusc.

• Edeyen Murzuk •

E' una immensa e ininterrotta distesa di sabbia dalle tinte rosate che al tramonto diviene cremisi. Si estende a ridosso del confine libico con il Niger e l'Algeria ed è caratterizzato dalla presenza del ghibli che soffia impetuoso in quasi tutte le stagioni. Questo bacino di sabbia a nord presenta sistemi di dune molto elevate, sino a 200 metri, con numerosi corridoi interdunali alternati ad ampi pianori di sabbia compatta e solamente increspata di piccoli rilievi. Verso il centro le formazioni di dune sono più caotiche e la presenza di spianate con sedimenti salini testimoniano della presenza di grandi laghi che qui si trovavano circa 8000 anni fa: gli abitanti del Neolitico risiedevano qui, nella pianura, accanto ai complessi lacustri. A delimitare il grande bacino di sabbia i Messak, dove vivevano sciamani che qui hanno tracciato dei graffiti sacri. Particolarità di questi graffiti sono le figure zoomorfe di uomini con testa di cane. Negli ouidian del Messak Settafet si trovano centinaia di graffiti, alcuni di essi sono delle opere d'arte e le più conosciute si trovano nei dintorni del vecchio ed ormai asciutto Wadi Mathendousc. La conca di Murzuq non è mai stata attraversata da nessuna carovaniera a causa della assoluta mancanza di pozzi d'acqua, cosa testimoniata dall'assoluta mancanza di forme di vita vegetale. La zona è ora divenuta un parco ed è tutt'ora sede di esplorazione archeologica. Sugli altopiani dei Messak si possono ancora oggi rinvenire le tracce di schegge di lavorazione di selci ed altre pietre lungo i crinali della falesia.

• Erg Awbari •

Un mare di sabbia di circa 800 km da nord a sud e 400 da ovest ad est che separa la regione del Jebel Nafoussa dal Fezzan. Dune, corridoi, creste affilate, improvvisi zigzag, nei tre Erg che lo compongono le formazioni di dune si presentano a volte ordinate e separate da corridoi ampli e scorrevoli, di sabbie dure e compatte, a volte invece caotiche, spesso disposte in circhi di difficile percorribilità. Le formazioni di dune più imponenti, ricche di grandi guglie piramidali, possono sfiorare i 300 metri di altezza. A Nord ed a Est l'Erg Awbari è limitato dall'Hammada El Hamra che nelle vicinanze di Ghadamesh prende il nome di Hammada Tingit, ad ovest lungo il confine Algerino dall'Hammada di Tinghert, a sud il Fezzan lo separa dall'Akakus e dal più meridionale Edeyen Murzuq. La regione meridionale dell'Erg Awbari è formata da altopiani solcati da grandi ouidian assai simili ai torrenti pietrificati d'Acacus. In molti di questi ouidian si trovano acace, tamerici e le coloquinte dai tipici frutti che sembrano piccole zucchette che si trovano dove le sabbie lasciano il posto alle rocce.

• Fezzan •

Terra inospitale ed assolata il Fezzan occupa la parte sud-occidentale del territorio libico ed è una delle più belle e maestose regioni del Sahara. Costituito da strati di calcare e arenaria da cui si elevano grandi altipiani e da infinite distese di dune di sabbia interrotte di tanto in tanto da zone dense di pietre. Fu la patria dei Garamanti, l'antico popolo di guerrieri e mercanti che dominava l'area a sud delle ricche città costiere greche e romane. Le porte naturali per un viaggio nel cuore di questo deserto sono le antiche città di Germa e di Ghat da cui si può partire per le escursioni in fuoristrada.

• Germa •

L'Antica Garama del Regno dei Garamanti, la popolazione berbera le cui gesta avventurose furono scritte da Erodoto. Tutte le piste che collegavano il sahara al mediterraneo erano sotto il loro controllo che le percorrevano con carri e cavalli come testimoniano le pitture rupestri. E' conosciuta per alcune rovine di epoca romana, i resti della vecchia città, una necropoli preislamica piuttosto deteriorata, ma soprattutto per i suoi laghi che, come in un miraggio, sorgono nella sabbie della ramla di Dawada. Da Germa, oltre che nella regione dei laghi, è possibile effettuare anche l'escursione al Wadi Mathendoush famoso per i graffiti di animali che popolavano questi luoghi.

• Ghadames •

Importante crocevia carovaniero Ghadames è una deliziosa oasi circondata dalle grandi dune dell'Erg di Ubari, è vicina al triplice confine tra Libia, Tunisia e Algeria. Insieme a Timbouctou, Tamanrasset, Murzuq, Tindouf e Sigilmassa essa era uno dei più importanti centri commerciali del commercio transahariano. Situata sull'asse nord sud in passato era un punto di sosta strategico per i viaggiatori che risalivano per lunghe settimane il Sahara verso le coste del

Mediterraneo. L'oasi ha conservato l'antico fascino, con le tipiche viuzze strette e gli stretti corridoi intonacati con la calce bianca che danno un fresco riparo dalla calura del giorno. La città vecchia è un labirinto di piccoli viottoli che danno conforto, ombra e riparo a coloro che si aggirano tra le case a due livelli in argilla imbiancata a calce. E' stata dichiarata dall'Unesco patrimonio dell'umanità perché rappresentativa di un'architettura tradizionale perfettamente adattata all'ambiente difficile e rimasta miracolosamente quasi intatta. Gli abitanti di Ghadamesh erano divisi in 7 clan ed ognuno di questi occupava un quartiere, per cui vi erano in Ghadamesh 7 sotto-città. Ogni quartiere aveva il proprio mercato, piazza, moschea etc. Gli abitanti ora vivono nella città nuova e d'estate ritornano nella vecchia città dove tengono qualche animale, coltivano gli orti e raccolgono i datteri. Nell'oasi ben 10 sorgenti rendono fertile il suolo, ed un complesso sistema di distribuzione della preziosa acqua assicura l'irrigazione a circa 100 ettari di terreno coltivato.

• Ghat •

Già conosciuta in epoca romana con il nome di Rhapsa, la città di Ghat sorge ai confini con l'Algeri. È il punto di partenza per visitare il parco dell'Acacus dove tra oued pietrificati e guglie di arenaria nera, gli artisti della preistoria tracciarono incisioni e pitture stupende. In origine circondata da fortificazioni ora scomparse, è oggi in pessimo stato di conservazione, più deteriorata di Ghadames. Ghat sorge in prossimità delle grandi dune del deserto e nel passato svolse l'importante funzione di stazione commerciale per le carovane che attraversavano il Sahara lungo la direttrice est ovest. La città è ancora abitata prevalentemente dai Tuareg, il palmeto e la vecchia medina dalle vie tortuose strette fra muri consumati di case ormai disabitate sono dominati dal vecchio forte italiano, ottimo punto di osservazione sull'Acacus.

• Hammada Al Hamra •

Ampia pianura che circonda Gadames, piatta e sassosa, interrotta solo da radi cespugli, unico alimento dei dromedari le cui sagome appaiono ogni tanto all'orizzonte, e da singolari pinnacoli rocciosi che si ergono improvvisi come solitarie vedette: sono tamerici fossili. Hammada al Hamra significa "altopiano rosso", ma in realtà è una piatta distesa di pietre e sassi più neri che rossi, solcata da oued sabbiosi. L'hamada Al Hamra si estende da Gadames sino alle prime dune dell'Erg d'Ubari.

• Hammada Zegher •

L'Hammada Zegher, dalla forma circolare e di circa 100 chilometri di diametro, è un tavolato posto nel centro geografico della conca dell'Erg Awbari. Si tratta di una piatta distesa di sabbia cedevole ricoperta di detriti di piccole e medie dimensioni, ai cui margini si trovano una serie di gradoni e piccoli oued rocciosi con fondo sconnesso che rendono difficile la guida. E' completamente circondata dalle sabbie degli erg Idehan a nord e Tahadjierit a sud, entrambi parte dell'erg Awbari.

• Nalut •

Il villaggio rurale di Nalut sorge sulla strada per Ghadames, a 256 km da Tripoli, in una zona montagnosa che sovrasta la piana della Tripolitania; nella città vecchia si possono ancora vedere antiche tracce del modello di vita berbera. Questo popolo aveva la necessità di conservare e difendere il proprio raccolto, per questo scopo costruivano granai fortificati composti da celle sovrapposte, fino a sei piani sorretti da travi di legno, in cui venivano stipati i cereali. In questi veri e propri granai fortificati, chiamati "ksar", i contadini della zona depositavano il loro raccolto nelle celle a loro destinate. Attorno ai granai si sviluppava il villaggio berbero. Lo ksar di Nalut sorge a picco sui costoni del Jebel Nafoussa ed è uno splendido esempio di architettura berbera rurale.

• Ramla dei dawada •

A pochi chilometri dalle rovine di Germa e nelle alte dune dell'Idhan Awbari, il mare di sabbia racchiude al suo interno i laghi Gabroun, Mandara, Oum el Ma, Mahfou e molti altri minori. Uno spettacolo unico che si raggiunge dopo un tratto di fuori pista tra le alte dune. I tanti laghi, pochi hanno sempre l'acqua, devono la loro esistenza agli strati impermeabili del terreno che in queste zone portano ad affiorare la falda acquifera. La forte evaporazione, dovuta al clima secco, fa concentrare i residui salini. Il fenomeno è ben visibile nell'oasi Mandara, dove è rimasto solo un desolato specchio di sale che da lontano provoca il miraggio di una distesa acquosa. Alcuni come Mahfou e Oum el Ma, il più bello stretto fra i cordoni di dune e una cornice di palme e canneti, cambiano di colore con il passare delle ore, mentre il Gabraoun è salato. Sulle sponde del Gabraoun, dominato da un'altissima duna, sorge un villaggio abbandonato dei Daouada, popolazione che viveva della pesca di una varietà di gamberetti, che essiccavano ed esportavano in tutto il continente, e di estrazione dalle acque del natron, un carbonato idrato di sodio che rivendevano a carovane di mercanti.

• Sabrata •

Adagiata sul litorale mediterraneo e fondata molto tempo prima dell'arrivo dei Fenici, divenne città romana nel 46 a.C. con la creazione della provincia d'Africa. I Romani la trasformarono con la costruzione di monumenti grandiosi, in particolare il teatro, sicuramente il monumento meglio conservato e che ha fatto la fortuna di Sabratha. In qualsiasi punto ci si trovi tra gli scavi, se ne intravede l'imponente sagoma: la scena su tre piani si staglia contro il cielo e per sfondo il mare. Pur se soggetta a un'imponente e forse eccessiva opera di ricostruzione negli anni 30' dagli archeologi Italiani, resta davvero unica. Sabrata deve la sua fortuna al mare: approdo delle navigazioni mediterranee e punto terminale delle rotte terrestri. Dal cardo attraverso i quartieri residenziali, il foro, le basiliche, le terme a mare, si giunge allo spettacolare teatro. Successivamente al periodo Romano la città passò sotto il dominio dei Bizantini che all'interno delle chiese cristiane composero degli splendidi mosaici. Magnifici i mosaici ritrovati nella basilica di Giustiniano e ora al museo. Dopo Léptis Magna è la zona archeologica più importante della Tripolitania.

• Tradart Acacus •

Il massiccio del Tadrart Acacus rappresenta una delle più affascinanti regioni sahariane, a circa 1200 km a sud della costa mediterranea ed è un altopiano di arenarie che si estende per 7.500 kmq intervallato da dune di sabbia e formazioni rocciose modellate dal vento in fantastiche forme, paesaggi lunari di guglie e pinnacoli che emergono da un mare di sabbia. L'intera regione è l'unico parco naturale libico istituito nel 1970, dal 1985 è parte del World Heritage dell'Unesco. Luogo di assoluta bellezza e unico per le pitture e le incisioni rupestri che sono testimonianza dell'antica presenza dell'uomo in questa regione. Negli anfratti protetti dall'erosione sono rappresentate scene di caccia e momenti di vita quotidiana. Elefanti, giraffe e altri animali della savana africana testimoniano l'epoca in cui il deserto era fertile e popolato da tutti gli animali africani, un ecosistema simile a quello dell'odierna Africa centrale. Intorno al III millennio a.C. quando il deserto iniziò ad avanzare inesorabilmente, la fauna e la vegetazione diminuirono costringendo i pastori ad abbandonare la regione alla ricerca di nuovi pascoli. Benchè le prime notizie di queste pitture risalgano alla fine del XIX secolo, solo nel novecento vennero organizzate le prime esplorazioni archeologiche dell'Acacus. I siti più importanti sono Wadi Tanshal con scene di caccia al muflone, Wadi Teshuinat, dove vi è la maggior concentrazione di siti rupestri; Uan Amenal, con scene di caccia e figure umane, Uan Amil con scene di vita quotidiana, a Tin Annuein la pianta di un villaggio, un carro dei garamanti e scritte in tifinagh. Singolare è il sito di Tin Lalan: uomini con maschere di sciacallo e graffiti con scene erotiche.

• Wadi Mathendusc •

Le pareti di grandi pietre levigate del Wadi Mathendusc sono una galleria d'arte all'aperto. Questo fiume fossile presenta ancora una vegetazione rigogliosa se paragonata alla sterilità circostante, e qui vengono a ripararsi dalla calura molti animali quali fennec, sciacalli e altri animali di piccola taglia. Ma seguendo il letto dell'antico fiume si incontrano animali ancora più straordinari, quelli rappresentati dai graffiti realizzati dagli antichi abitanti quando qui impetuosa scorreva l'acqua che permetteva la vita. Di quell'epoca remota oggi sono rimaste preziose tracce sulle pareti di arenaria rossa, divenuta nera per effetto della cosiddetta "vernice del deserto". Elefanti, ippopotami, una fuga di giraffe, animali della savana e bovini domestici, figure zoomorfe, grandi falli e tante altre immagini di difficile decifrazione. Gli ultimi 300 metri del fiume, il tratto propriamente chiamato Mathendusc, sono quelli dove più alta è la concentrazione di graffiti e dove su di una grande roccia piatta che domina il piano, si possono ammirare due figure enigmatiche soprannominate i "gatti mammoni". L'abbandono di queste zone ha preservato fino ai nostri giorni le opere preistoriche del Mathendusc.

BIBLIOGRAPHY / *BIBLIOGRAFIA*

IL VIAGGIATORE DELLE DUNE
Theodore Monod
Sugarco edizioni - Italia - ISBN 88 7198 014

LA LIBIA CONTEMPORANEA
Bessis Juliette - Rubbettino - Italia

LIBIA, ARTE RUPESTRE NEL SAHARA
Castelli Gatinara - Polaris - Italia

ARTE RUPESTRE E CULTURE DEL SAHARA PREISTORICO
F. Mori - Einaudi - Italia

TADRAT ACACUS
Mori Fabrizio - Einaudi - Italia

SONO NATO CON LA SABBIA NEGLI OCCHI
Mano Daayak - Ed. Aviani - Italia

FIUMI DI PIETRA
Castiglioni - Negro - Lativa - Italia

DÉSERT LIBIQUE
Theodore monod
Arthaud - France - ISBN 2 7003 1023 3

TRAVELS THROUGH CENTRAL AFRICA TO TIMBUCTOO
Rene Caillie
Vol. I - ISBN 1 85077 125 1
Vol. II - ISBN 1 85077 126 X

IBN BATTUTA: TRAVELS IN ASIA AND AFRICA
H. A. R. Gibb - ISBN 1 85077 002 6

TRAVELS OF IBN BATTUTA
Rev. S. Lee - ISBN 1 85077 035 2

L'OASI DI GHAT E LE SUE ADIACENZE
Bourbon del Monte

THE GATEWAY TO THE SAHARA
C. W. Furlang

IL PICCOLO PRINCIPE
Antonie de Saint Exupery

Silvia AUTIERO

Born in 1970, specialist in clinical psychology, she works as a Transactional Analyst. She trained as a researcher at the DAVIS, University of California and at the psychiatric department of the U.C.D. Medical Center in Sacramento. Very keen on the study of mythology and the world of fables of different cultures, she travels through Africa and Eastern Asia with ethnographic interests.

Nata nel 1970, specializzata in psicologia clinica, esercita la professione di Analista Transazionale. Ha svolto ricerche presso la University of California DAVIS ed il reparto psichiatrico dell'U.C.D. Medical Center di Sacramento. Interessata allo studio della mitologia e del patrimonio favolistico di diverse culture, viaggia in Africa, Est Asiatico con interessi etnografici.

Stefano PENSOTTI

Born in 1959, he has been keen traveller and photographer for twenty-five years. His articles have been published in several Italian magazines, and his exhibitions have appeared all over Italy. He is represented by the photographic agency Granata Press Service in Milan, and works with the Editions du Chêne – Hachette Livre Paris and with Editions Solar in Paris. For the Italian Tour Operator he has planned and set out on many journeys in Africa and Asia with a view to the study of ethnography. He has published:
- "Milano, la città raccontata da 15 grandi scrittori" Periplo Edizioni, Italy 1992
- "Ladakh, the land of high passes" Periplo Edizioni, Italy 1997
- "Jewels from elsewhere" Periplo Edizioni, Italy 2003
- "Le voyage à Lhasa d'Alexandra David-Néel" Arthaud-Flammarion, France 2004

Nato nel 1959, appassionato viaggiatore e da più di 25 anni fotografo. Suoi servizi sono stati pubblicati da numerose riviste italiane, ha esposto in numerose mostre in tutta Italia. E' rappresentato dall'agenzia fotografica Granata Press Service di Milano, collabora con Éditions du Chêne - Hachette Livre Paris e con Éditions Solar di Parigi. Per il Tour Operator italiano Viaggi nel Mondo S.r.l. ha progettato e realizzato inediti itinerari di viaggio di ricerca etnografica in Africa ed Asia. Dello stesso autore i volumi fotografici:
- *"Milano, la città raccontata da 15 grandi scrittori" Periplo Edizioni 1992*
- *"Ladakh, il paese degli alti passi" Periplo Edizioni 1997*
- *"Gioielli d'altrove" Periplo Edizioni 2003*
- *"Le voyage a Lhasa d'Alexandra David-Néel" Arthaud – Flammarion Paris 2004*
E-mail: spensotti@libero.it